AF257284

PIEUX SOUVENIRS

BORDEAUX

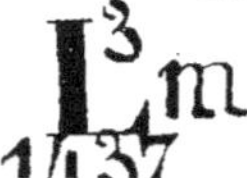

PIEUX SOUVENIRS

PIEUX SOUVENIRS

LETTRE

Du Vicomte de PONTAC

Officier supérieur aux gardes du Corps de S. A. R. Monsieur, Frère du Roi,

à la Comtesse Eugénie de LUR-SALUCES (1)

DONNANT DES DÉTAILS

sur la mort d'Antoine-Amédée Marquis de Lur-Saluces,

Aide-de-camp de S. A. R. Mgr le Duc d'Angoulême.

Madrid, le 13 Juillet 1823.

Je n'ai pas la force, Madame, d'écrire encore à Madame de Lur : et cette malheureuse mère aurait-elle celle de m'entendre ! Vous-même, le pourrez-vous ? par ma douleur, je juge de la vôtre. Quelle perte nous avons faite, grand Dieu ! de quelques regrets qu'on accompagne la mémoire de cet excellent fils, de ce parent si tendre, de cet homme si plein d'honneur, il les mérite tous. Il en mérite plus encore. J'entre dans quelques détails dans une lettre à Alexandre. Il vous les communiquera, si vous voulez. Ce que je dois vous dire, c'est

(1) Il est difficile de donner une idée plus touchante des liens d'affection qui unissaient les deux amis. Si quelque chose devait resserrer ceux qui n'ont cessé d'exister entre les deux générations suivantes, ce serait assurément la découverte de cette précieuse lettre. Quelle consolation a dû éprouver cette tendre mère en apprenant qu'un tel dévouement avait suppléé aux soins qu'elle avait eu la douleur de ne pouvoir donner à son fils !

que vous serez heureuse de pouvoir rappeler à la malheureuse mère de mon ami, qu'il avait vu deux fois un respectable ecclésiastique, et qu'il s'était confessé. Ce bon prêtre, satisfait de ses bonnes dispositions, devait l'administrer, et il attendait plus de calme dans la respiration, quand il nous a été enlevé, n'ayant pas perdu une seconde, ni présence d'esprit, ni force morale. Tauzin et moi, lui avons pressé un crucifix sur les lèvres. Oui, excellente bonne tante, tendre et déplorable mère, vous pouvez prier avec confiance le Dieu de miséricorde, que vous servez si bien, pour celui qui vous est si cher. Je finis, Madame, cette lettre déchirante que je ne puis continuer. Que Madame de Lur m'inquiète!

Madame, tout à vous.

P.

M. le Comte Alexandre de LUR-SALUCES

Décédé à Bordeaux le 27 Avril 1842.

(Extrait de LA GUIENNE, *du 27 avril 1842.)*

L'une des plus illustres familles de notre département vient d'être cruellement frappée dans la personne d'un de ses vénérables membres.

M. le comte Louis-Eutrope-Alexandre de LUR-SALUCES, chevalier de l'ordre de Saint-Louis et de la Légion d'Honneur, colonel de cavalerie et ancien député, a succombé avant-hier à une maladie de quelques jours. Ses obsèques ont eu lieu, hier, dans l'église Saint-André.

Un grand nombre d'amis et de personnages éminents de notre ville étaient venus rendre les derniers devoirs à un homme qui s'était concilié l'estime générale par l'élévation de son caractère, la fermeté de ses principes monarchiques et le bon usage qu'il savait faire de sa fortune.

Après la cérémonie religieuse, le corps du défunt a été transporté à Fargues, dans le tombeau de sa famille. M. le comte de Lur-Saluces était âgé de soixante-huit ans.

NOTICE

SUR

la Comtesse Eugénie de LUR-SALUCES

Chanoinesse du Poussay,

Décédée au château d'Yquem le 6 Novembre 1848.

Eugénie Romaine de Lur-Saluces naquit à Versailles en 1765. Sa mère et sa grand-mère étant attachées à la cour, Eugénie y vécut avec ses parents pendant ses premières années et se souvenait d'avoir vu Louis XV, qui baisa un jour sa main d'enfant.

Vers l'âge de onze ans elle fut conduite au chapitre du Poussay, en Lorraine ; elle y coula des jours paisibles partagés entre les soins que réclamait encore son éducation et les observances religieuses imposées aux chanoinesses. Le bréviaire était récité au chœur, et on y faisait chaque jour des prières spéciales pour la prospérité du royaume et du roi.

Cette apparence de vie religieuse n'impliquait pas cependant pour les chanoinesses l'obligation de renoncer au mariage. Il fut question de quelques projets de ce genre pour Mlle Eugénie ; aucun n'aboutit et, à vrai dire, cette âme pure et virile eût pu difficilement rencontrer un époux humain digne d'elle.

En 1792, les parents de la comtesse Eugénie la rappelèrent auprès d'eux. M. Garros, leur respectable intendant, fut chargé de lui faire traverser la France pour revenir à Bordeaux. Ce n'était déjà plus chose facile ; les voyageurs furent arrêtés dans un village et conduits à la municipalité. On examina les passeports, qui étaient en règle, mais les esprits étaient si montés qu'on parlait de prison, lorsque M. Garros fit remarquer que le nom de Romaine, étant essentiellement républicain, Mme Eugénie devait appartenir à une famille de bons patriotes. Sur cette explication concluante on les laissa repartir.

De rudes épreuves attendaient Mme Eugénie à son retour au foyer paternel : son frère Alexandre émigra en Espagne, peu après le marquis de Lur-Saluces, son père, fut arrêté, relâché une première fois, dénoncé de nouveau et conduit sans jugement à l'échafaud de la place Dauphine.

La pauvre jeune fille fut alors jetée en prison avec sa belle-sœur la comtesse de Lur, restée veuve à vingt ans, tandis que Mme Félicité, sa sœur, avec les deux enfants de Mme de Lur et son frère Eugène, âgé de douze ans, se cachaient dans les environs de Bordeaux.

Mme de Lur et Mme Eugénie restèrent en prison plusieurs mois d'hiver, dans une chambre où presque toutes les vitres manquaient. Une bonne femme du peuple, enfermée avec elles, aida Mme Eugénie à soigner sa belle-sœur, dont la santé délicate eût demandé bien des ménagements.

Chaque jour, les deux sœurs préparaient ensemble leur réponses aux interrogations du tribunal révolutionnaire ; car Mme de Lur, femme de courage et de tête, entendait se défendre, bien qu'elle se crût condamnée par avance.

L'intervention d'amis obscurs et dévoués fit relâcher sous caution les deux jeunes femmes ; on les exila à Tartifume, dans une maison où elles vécurent dans la gêne. Mme Félicité y mourut, et la fille de Mme de Lur la suivit au tombeau.

On peut le dire, dans ces moments cruels, l'âme de la famille fut Mme Eugénie. Oubliant ses propres douleurs elle consolait sa belle-sœur et faisait, avec un mélange de tendresse et de sévérité, l'éducation de son jeune frère Eugène. Elle trouvait encore le temps de secourir et de cacher les prêtres fugitifs, de procurer les secours de la religion à tous ceux qui l'environnaient, et fit plus d'une fois célébrer le Saint-Sacrifice dans un réduit obscur de la pauvre maison.

L'impitoyable tribunal ne perdait cependant pas de vue les deux jeunes femmes.

Il leur fallait chaque décade aller à pied à Bordeaux, se présenter à la municipalité, pour constater qu'elles n'avaient pas émigré.

Enfin, cet horrible tourmente s'apaisa, Mme de Lur retrouva quelques débris de sa fortune, et la famille éprouvée vint s'abriter sous le vieux toit d'Yquem. C'est dans ce cadre vénérable que nous apparaîtra, durant une longue vie, Mme Eugénie, entièrement dévouée à Dieu et à sa famille.

Ses efforts pour former le cœur de son frère portèrent des fruits précoces.

Une conspiration royaliste ayant éclaté à Bordeaux pendant le Directoire, Eugène de Saluces, âgé de seize ans, se battit comme un lion, et tomba blessé de onze coups de baïonnette.

Sa courageuse sœur pénétra dans sa prison, lui procura tous les secours nécessaires, et la meilleure récompense du jeune homme fut sans doute l'approbation forte et tendre de celle qui avait été pour lui un père et une mère à la fois.

Pendant que Mme de Lur disputait avec une énergie et une capacité rares les restes de l'héritage paternel aux lois révolutionnaires, Mme Eugénie la remplaçait auprès de son fils et recommençait pour lui les leçons dont avait si bien profité Eugène. Elle ne permit pas à ce jeune esprit de se laisser fasciner par le brillant génie qui étonnait alors le monde en le remplissant de sa gloire, mais qui assassinait le duc d'Enghien. Aussi Amédée, dédaignant les faveurs de l'empereur, lui demanda-t-il un jour de porter un habit qui sentit la poudre ; il le fit avec tant d'indépendance et de fierté, que l'empereur surpris lui envoya sur le champ un brevet de sous-lieutenant, accompagné de recommandations qui l'empêchèrent de jamais avancer en grade.

Amédée de Lur-Saluces partit avec son régiment pour la Russie, fut fait prisonnier à la Bérésina, emmené à Astrakan où il resta jusqu'à la paix.

On s'imagine les inquiétudes de sa pauvre mère, le désespoir de sa jeune femme attendant de rares nouvelles.

Mme Eugénie priait sans cesse et se privait absolument de feu pendant un hiver glacial, heureuse d'offrir au ciel pour son neveu des souffrances ayant quelque analogie avec les siennes.

Le retour du Roi fut la grande joie de la vie de Mme Eugénie. Elle assista avec sa belle-sœur aux fêtes de Bordeaux; elle vit ses frères, à la tête des royalistes, entourer la calèche qui ramenait Mgr le duc d'Angoulême dans sa patrie; elle prit sa part de l'enthousiasme indescriptible de cet heureux instant, et cette âme généreuse, qu'aucune sensibilité personnelle n'affaiblit jamais, se dilata au spectacle de la réconciliation de son pays et de son roi qui ouvrait à la France un horizon de gloire et de prospérité.

Les Cent jours amenèrent de nouvelles terreurs. Le comte Alexandre de Saluces fut nommé commissaire du Roi. Aidé d'autres courageux royalistes il organisa la résistance dans Bordeaux et y maintint quelque temps le drapeau blanc. A l'entrée des troupes impériales il fut condamné à mort avec quelques-uns de ceux qui avaient engagé la lutte. La maison fut cernée, on n'eût que le temps de faire évader le commissaire du Roi par une communication secrète avec une autre maison.

Les gendarmes fouillèrent tous les appartements jusqu'à

celui où Mme Amédée était étendue malade et dans un état de grossesse avancée. Elle succomba bientôt après, laissant un enfant faible et délicat que recueillirent aussitôt ces bras vénérables qui avaient déjà protégé deux générations. Mme Eugénie l'éleva avec la tendresse de la meilleure des mères et forma dans ce jeune cœur tous les sentiments qui rendent un homme honorable et attachant.

L'aîné de ses petits-neveux faisait déjà l'orgueil de la famille par ses grandes qualités, ses instincts militaires et ce caractère énergique et enjoué qui semble l'apanage des vieilles races du Midi.

Mme de Lur l'élevait virilement, ne craignant pour lui ni le travail, ni la fatigue; cherchant avant tout à en faire un homme; mais Bertrand de Lur-Saluces apprenait, le soir, sur les genoux de Mme Eugénie, à devenir l'humble et ferme chrétien que nous avons connu.

Pendant les années de la Restauration, Mme Eugénie fit plusieurs fois avec sa belle-sœur le voyage de Paris et sut, malgré son peu de fortune et le rôle secondaire auquel elle s'était vouée, garder une dignité qui lui créait une situation à part.

Bien des esprits, bien des usages avaient changé; au milieu de cette société brillante, nul ne vit passer sans un sentiment de respect étonné cette imposante figure, dont le costume et les manières rappelaient les vertus d'un autre âge, sans aucun mélange des travers qui le corrompirent.

La Révolution de 1830 trouva Mme Eugénie et Mme de Lur habitant Versailles, dans le voisinage de l'école militaire où Bertrand de Lur-Saluces était entré comme élève.

Mme Eugénie accompagna sa belle-sœur à Saint-Cyr le jour où on apprit que l'école allait être appelée à défendre les environs de Rambouillet.

Les deux vieilles femmes apportaient à Bertrand de Lur-Saluces une ceinture pleine d'or, et la pauvre grand'mère, dont il était l'unique joie, lui dit : « *Bertrand, le roi a besoin de toi, suis-le et ne reviens que lorsqu'il te renverra*; » Bertrand serra silencieusement la main de sa grand'mère et de sa tante et ce fut tout ; leurs cœurs se comprenaient.

On sait ce que furent les événements : le roi partit et Bertrand revint parce qu'il n'avait plus besoin de lui. Mais un bien autre sacrifice allait lui être demandé, et le pauvre jeune homme, que. Mme Eugénie avait bercé de tous les souvenirs militaires de sa race, dut un jour dire adieu à son uniforme pour ne pas violer sa foi royaliste; il le fit avec un amer chagrin, et revint au vieux nid de famille attendre les jours meilleurs qui ne sont pas encore venus.

Dès lors recommença pour Mme Eugénie et Mme de Lur une vie de famille, de charité et de bons exemples, qui transforma en peu de temps tous les environs.

Mme de Lur donnait largement et Mme Eugénie connaissait toutes les misères. Aussi, les comparait-on à la source et au canal dans lequel coulent les eaux qui fertilisent.

Le temps semblait n'avoir aucun pouvoir sur cette femme vénérable ; levée de grand matin, elle disait son office comme aux jours de sa jeunesse, instruisait et moralisait les domestiques, en prenait soin lorsqu'ils étaient malades, apprenait le catéchisme aux enfants de la famille qu'on lui confiait volontiers et plus souvent encore aux enfants des pauvres.

Jusqu'à 83 ans elle jeûna tout le carême, ne faisant qu'un repas par jour ; mais cette grande rigidité ne s'exerça jamais que sur elle-même : elle était pour autrui l'indulgence personnifiée et sa bonté la rendait le refuge des enfants et des personnes que leur esprit ou leur situation exposait à être délaissées.

Les deux sœurs virent bientôt se grouper autour d'elles la famille devenue nombreuse. Le dimanche surtout était jour de fête à Yquem ; parents et voisins y affluaient. Tandis qu'on se promenait dans le jardin en attendant l'heure du dîner, Mme Eugénie aimait à réunir ses nièces dans sa chambre. Là, sur la chaise de paille qui était son siége habituel, près du lit de vieille perse adossé à d'antiques tapisseries, elle tirait de son bréviaire des prières pour le roi et ses nièces s'age-nouillant autour d'elle, appelaient, comme jadis au chapitre, toutes les bénédictions célestes sur la France et sur l'exilé.

La mort surprit Mme Eugénie en prière. Elle ne put un jour achever cet office qu'elle disait depuis soixante-dix ans ; on la porta sur son lit autour duquel s'assembla sa famille avec sa pauvre belle-sœur qui sanglottait à la pensée de lui survivre. Alors Mme Eugénie faisant un dernier effort appela ses nièces et leur fit avec peine ses dernières recommanda-tions, conseils de foi et de dévouement qu'elles transmettront comme une sainte tradition à leurs filles.

On respecta la seule volonté qu'elle eut exprimée : celle d'être ensevelie non dans le caveau de famille, mais devant la porte de l'Eglise, afin que nul ne pût oublier de prier pour son âme.

Tel est le récit de la vie de cette femme forte et humble, vie à la fois si modeste et si féconde que pour la raconter il faut redire l'histoire de tous les hommes de sa famille chez lesquels elle conserva, durant soixante années de révolution, la pure flamme de la religion et de l'honneur.

Mme la Comtesse de LUR-SALUCES, née d'YQUEM

Décédée au château d'Yquem le 7 Novembre 1851.

La mort vient de terminer d'une manière noble et chrétienne, une de ces longues et belles vies, pleines tout autant de vertus que d'années, précieux héritage d'un siècle qui n'est plus, et que Dieu veut bien parfois oublier longtemps sur la terre, pour servir, à notre époque, de compensation, d'encouragement et d'exemple.

Mme la comtesse de Lur-Saluces est morte en son château d'Yquem le 7 de ce mois, dans sa 84e année.

Dire toute la bienveillance, toute la bienfaisance et toutes les perfections d'une vie qui fut toujours semblable à elle-même, serait beau comme le vrai, difficile comme le sublime.

Veuve très-jeune, d'un époux digne d'elle, Mme de Lur-Saluces vit périr sur l'échafaud, martyr de sa foi politique, le chef de la maison de Saluces, comme elle devait plus tard recevoir le dernier soupir d'un fils unique, frappé prématurément, après avoir servi avec honneur et distinction son roi et sa patrie.

Fortement trempée à l'épreuve de ces malheurs qui auraient abattu une âme moins généreuse, Mme de Lur-Saluces a marché dans la vie pendant longues années, comme ces patriarches des temps antiques, à la tête d'une famille, dont le nom fut toujours synonyme d'honneur et de loyauté, et sur laquelle elle a pu voir, avec bonheur, se réfléter tous les nobles sentiments de son cœur, toutes les vertus de son âme. Pendant sa longue carrière, M{{me}} de Lur-Saluces a marché aussi, entourée, honorée, vénérée par une autre famille plus nombreuse encore, qu'elle s'était faite par les inépuisables trésors de la bienveillance, de sa longue expérience, de son incalculable charité, qui ne refusait jamais un accueil toujours aimable, un conseil toujours sûr, un bienfait toujours certain, à tous ceux qui, n'importe à quel titre, avaient le bonheur de l'approcher.

Cette vie si pleine, si belle, M{{me}} de Lur-Saluces a dû la regretter, mais elle n'a point redouté la mort, elle y était préparée, elle l'attendait depuis longtemps. Elle est morte comme elle avait vécu, accomplissant les plus grandes, les plus belles choses, simplement, naturellement.

A ses obsèques, un touchant et consolant spectacle a été donné à ses enfants, à ses parents, à ses amis, celui de voir son funèbre et dernier voyage, au milieu d'une population reconnaissante, qui, dans plusieurs communes, avait quitté spontanément ses travaux, pour se porter en foule au devant du cortége, et suivre avec recueillement à la maison de Dieu, les restes vénérés de celle qui fut si longtemps, à Sauternes comme à Bordeaux, comme ailleurs, comme partout où elle portait ses pas, l'appui, la consolation, la mère inépuisable des pauvres.

A. DE NOAILLAN.

Madame la Comtesse de LA MYRE-MORY
née de LUR-SALUCES,

Décédée au château de Montalier, le 14 Septembre 1852.

(*Extrait du journal* LA GUIENNE.)

Deux familles illustres et justement en possession de l'estime publique dans nos contrées, viennent d'être cruellement frappées par la mort de Mme la comtesse de La Myre-Mory, née de Lur-Saluces, qui a succombé ces jours derniers sur son domaine de Montalier, aux longues souffrances d'une affection nerveuse. Cette douloureuse nouvelle va contrister bien des cœurs et exciter bien des regrets dans la société, où l'on avait pu admirer la réunion des hautes qualités qui distinguaient cette femme supérieure par l'intelligence et par l'âme.

Mme de La Myre-Mory était le modèle des filles, des épouses et des mères ; elle leur disait leurs devoirs par sa parfaite intelligence des siens et par le bonheur qu'elle éprouvait à les accomplir. Dieu l'avait comblée de toutes les grâces extérieures, qui étaient comme la parure et la beauté de ses vertus. Elle avait eu le rare et précieux avantage de naître dans une famille où se sont perpétuées toutes les nobles et généreuses traditions, où l'autorité paternelle se personnifie dans un homme accompli, chez lequel la grâce ajoute au prestige de la dignité et à l'élévation du caractère.

De bonne heure les grands et bons exemples ne manquèrent donc pas à Mme de La Myre-Mory ; ils étaient en harmonie avec cette noble nature ; ils développèrent ses instincts exquis et la firent ce qu'elle a été le bonheur de celui dont elle devait partager les destinées jusqu'à ce jour.

Mme de La Myre avait trouvé dans l'homme de son choix un époux à tous égards digne d'elle et dont elle était fière. Le ciel avait béni cette union par les joies maternelles dont il l'avait comblée. Mme de La Myre avait pour ses enfants la tendresse la plus dévouée et la plus prévoyante ; elle a veillé avec une inexprimable sollicitude sur le développement de leur esprit et de leur cœur et leur a versé, si l'on nous permet cette expression, tous les trésors de son âme. Elle jouissait depuis longtemps des fruits de cette sollicitude pieuse et semblait être appelée à en jouir mieux et plus longtemps encore, lorsque la mort est venue la frapper à la suite d'une affection qui, bien que très douloureuse, semblait ne présenter aucun danger.

Cette lamentable perte a jeté la consternation dans les localités qu'habitent les familles si considérées de Lur-Saluces et de La Myre-Mory. Une foule immense de personnes de tout rang était accourue pour rendre un dernier hommage à cette femme aimée et vénérée de tous, des pauvres surtout qu'elle aimait tant elle-même. La douleur a été profonde et générale dans ces funérailles ; quelle plume pourrait exprimer celle des deux familles à la tendresse desquelles Mme de La Myre vient d'être enlevée. Mais il leur reste pour consolation la haute piété de cette admirable chrétienne qui s'en est allée chercher sa récompense près de Dieu par qui elle doit vivre encore au milieu des siens ; car selon la belle pensée de Saint Jérôme, parlant de la mort de Sainte Paule, celui qui retourne à Dieu n'a rien perdu de la vie ; nous le possédons et il fait encore partie de la famille. *Habemus ; Deo enim vivunt omnia, et quidquid revertitur ad dominum in familiæ numero computatur.*

Justin DUPUY.

Extrait du journal L'INDICATEUR, *15 septembre 1852.*

La Société d'élite de notre ville et les pauvres viennent de faire une perte bien cruelle, et deux de nos plus honorables familles d'être frappées dans leurs plus saintes et profondes affections. Mme la comtesse de La Myre-Mory, née de Lur-Saluces, vient de succomber, jeune encore, aux atteintes d'une maladie dont l'origine était loin de révéler un malheur si prochain.

Issue d'une famille où les nobles traditions de la fidélité et de l'honneur sont héréditaires, Mme la comtesse de La Myre avait associé sa vie à un homme digne de la comprendre et de l'apprécier ; elle avait concentré autour du foyer domestique, pour le bonheur de son époux, de ses enfants et de sa famille, toutes les grâces de son esprit éclairé, comme toutes les précieuses qualités de son cœur. Indulgente, bonne, accessible à tous, aux malheureux surtout, elle faisait rayonner autour d'elle le charme de ses vertus modestes comme de son inépuisable charité.

Douée de tous les avantages de la naissance et de la fortune, pouvant briller au premier rang dans le monde par les dons physiques dont la nature s'était montrée prodigue envers elle, comme par une intelligence délicate et élevée, elle avait tout consacré au culte de la famille, et aux devoirs austères et tendres à la fois de la maternité.

La mort si inattendue de Mme de La Myre, au château de Montarlier, a jeté la désolation dans un pays où elle était si justement vénérée et dans lequel sa famille est connue surtout par ses bienfaits. Toute la commune en larmes a voulu assister à ses funérailles et accompagner jusqu'à l'asile du repos sa dépouille mortelle. Son époux, ses enfants et toute sa famille, dont elle était le juste et légitime orgueil, pleurent leur perte irréparable, et tous ceux qui ont eu l'honneur d'approcher d'elle associent leurs regrets à une si juste et si poignante douleur.

H. MESSIER.

2

M. le Marquis de LUR-SALUCES.

7 Mai 1867.

*LETTRE adressée par Mgr le Comte de Chambord
à Madame la Marquise de Lur-Saluces.*

Pesth, le 7 Juin 1867.

Au moment où je recevais, Madame la Marquise, là lettre par laquelle le Comte Eugène de Lur-Saluces votre oncle, m'annonçait l'affreux malheur qui vous a frappée, j'apprenais que Dieu venait également de rappeler à lui ce type accompli d'honneur et de fidélité. C'est donc à vous que je veux dire ici combien je m'associe de toute mon âme à votre profonde affliction et à vos justes regrets. Je perds dans la personne du Marquis Bertrand de Lur-Saluces un de nos meilleurs amis, qui en toute occasion m'a donné des preuves du plus inébranlable dévouement. Que n'a-t-il pu, ainsi que son vénérable oncle, être témoin du triomphe de la grande cause qu'ils ont servi l'un et l'autre avec tant de zèle et de persévérance ! Soyez auprès de tous vos enfants l'interprête de ma douloureuse sympathie. Elevés par leur excellent père et par vous, ils ont dans le cœur, je le sais, tous les sentiments dont leurs deux familles leur ont transmis le noble héritage.

Recevez, Madame la Marquise, la nouvelle assurance de ma sincère affection.

HENRI.

A Mme la Marquise de Lur-Saluces, née de Chastellux.

Une grande existence vient de s'éteindre simplement et sans bruit. Le Marquis Bertrand de Lur-Saluces a succombé prématurément à une cruelle maladie, dans son château de Filhot.

Les dons de la fortune, les joies multipliées et pures de la famille, les sincères satisfactions de l'amitié, l'estime des indifférents, le Marquis de Lur-Saluces posséda tous ces bonheurs, et il en était digne. Cœur loyal, jugement sain et droit, intelligence élevée jusqu'à la modestie, il continua noblement les traditions de sa famille dont il avait encore sous les yeux, vivant non loin de lui, le type le plus parfait et le plus vénérable.

Voué par le souvenir de ses pères à la carrière des armes, à peine allait-il en franchir les premiers degrés, qu'un de ces coups de tonnerre, trop fréquents à notre époque, interrompit en 1830 les plus glorieuses et les plus légitimes espérances. Il en prit bravement son parti, mais ne sut pas se résigner à une vie oisive et inoccupée. Si l'on veut savoir comment ses jours furent utilement remplis, qu'on le demande à des exploitations agricoles qu'il reçut, il est vrai, de ses auteurs, mais, on le sait aussi, qui ne périclitèrent point assurément entre ses mains ; qu'on le demande à des entreprises indus-trielles, pour lesquelles il manifesta de fécondes aptitudes ; qu'on le demande aux institutions de bienfaisance qu'il sut fonder et diriger ; à ce peuple de cultivateurs qui se pres-saient en foule à ses obsèques, et le pleuraient comme un père ; à cette tribu de serviteurs que nous vîmes depuis plus d'un demi-siècle, se renouveler, naître, vivre et mourir dans une véritable cour d'honneur, autour de celui qu'ils regar-daient tous, plus encore en ami qu'en maître.

Homme d'honneur, homme sûr, homme charitable, ce qu'on appelait autrefois un parfait gentilhomme, le Marquis de Saluces était plus et mieux encore : c'était un bon chrétien. Fidèle à la foi de ses pères, il l'aima jusqu'à la pratiquer.

Aussi, le jour où la Providence voulut qu'il renonçât à tous ces bonheurs, hélas ! si courts de la terre, le Marquis de Saluces répondit : présent à l'appel ; il avait déjà prié Dieu de ne pas mourir inopinément et sans y être préparé ; Dieu devait l'exaucer.

En pleine santé, en pleine vigueur d'un âge qu'il ne paraissait même pas avoir, une inguérissable maladie le frappe ; il voudrait la dissimuler aux siens, ne se la dissimulant pas à lui-même.

Elle mine bientôt la plus robuste des constitutions, condamne à l'absolu repos une activité dévorante, que n'arrêtaient jamais ni la fatigue, ni les distances ; et lui, après avoir épuisé, de longs mois, toutes les souffrances d'une douleur progressive et sans remède, tous les déchirements d'une séparation prévue, tous les regrets du père de famille qui laissera son œuvre en si bonne voie, mais inachevée ; surmontant à force de patience le mal physique, le mal moral plus poignant encore, un jour, en pleine jouissance de toutes ses facultés qui jamais ne faillirent, il s'endort de la mort du juste.

Si le Marquis de Saluces laisse à sa famille de douloureux regrets ici-bas, il lui laisse aussi toutes les espérances consolantes et certaines de l'autre vie ; il laisse à la Société dont il fut un membre utile, cette glorieuse couronne d'enfants, qu'il travaillait avec tant d'ardeur à rendre dignes de lui, qui ont justifié déjà, qui justifieront tous un jour, une aussi noble et paternelle ambition.

Comte de NOAILLAN.

ÉLOGE

DE

M. le Marquis Bertrand de LUR-SALUCES

Prononcé à Sauternes, le 9 Mai 1867.
par M. l'abbé AUBINEAU, curé de Sauternes.

In memoria æterna erit justus.
(Ps. 111, v. 6).

MESSIEURS,

Que s'est-il donc passé ? Pourquoi ce grand deuil qui s'étend sur nos contrées ? Cette tristesse qui a saisi nos âmes ? Quand la mort a simplement frappé l'un des nôtres, pourquoi le vide qu'il laisse dans nos rangs nous fait-il peur ? Quand nous demeurons nombreux, pourquoi le départ d'un seul nous jette-t-il dans la consternation ?

Ah ! Messieurs, c'est qu'il est des hommes que Dieu place sur la terre pour être la vive image de sa providence, et quand il les rappelle à lui, le ciel semble abandonner la terre.

Celui que nous pleurons, dont la dépouille repose là, dans ce froid cercueil, celui auquel vous venez rendre les derniers devoirs, fut un de ces hommes. Aussi la mort, en lé frappant, semble nous avoir tous frappés.

Et, maintenant, comme vous, tout entier à ma douleur, je voudrais garder le silence. Mais, Messieurs, devant un devoir sacré à remplir, devant cette foule, tout ce bon peuple qui attend que ma faible voix se fasse l'interprète de sa reconnaissance, je ne le puis. Je parlerai donc en son nom. En mon nom encore, car je veux aussi payer la dette de l'amitié, de la reconnaissance, du cœur.

Puis, vous permettrez bien à celui qui fut pendant six ans le témoin de bien nobles vertus, de vous les redire à l'honneur de M. Romain-Bertrand, Marquis de Lur-Saluces. Vous permettrez bien un mot d'éloge à la mémoire de l'*homme généreux, du père admirable, du bon chrétien* qui n'est plus....

I. — J'ai dit l'homme généreux.

Il est tout naturel qu'un homme comblé des biens de la fortune, en fasse un noble usage. Aussi, ne vous dirai-je rien de l'homme généreux, charitable, si la générosité, chez M. de Saluces, ne m'apparaissait avec un caractère de religion et de grandeur vraiment admirable.

Le monde a toujours des éloges pour la riche aumône qui, dans certaines circonstances, tombe avec bruit des mains de l'opulence, et ne tient compte de tout le reste. M. le Marquis le savait : et pouvant facilement provoquer les applaudissements du monde, il aima mieux prendre Dieu seul pour témoin. Il répandit ses bienfaits dans l'ombre, dans le silence, et selon le précepte de l'Evangile laissa sa gauche ignorer le bien que faisait sa droite.

Mais, Messieurs, si la terre désolée, bénit l'abondante rosée qui parfois vient lui rendre la vie, ne doit elle pas une plus grande bénédiction à la source qui ne tarit jamais, mais pour elle, coule toujours abondante et pure qui s'étendant sans cesse loin de s'épuiser, atteint les proportions d'un grand fleuve ? Eh bien ! telle fut la générosité de M. le Marquis.

Sans rester étrangère à aucune bonne œuvre, elle aima par dessus tout ce mode paternel qui lui permit de visiter, chaque jour, toutes les chaumières, ce mode délicat qui, sous le nom de travail, rendit moins amer le pain de la charité ; ce mode, messieurs, qui fait *ici* que le vieux serviteur, le vieux travailleur sont de la maison, que le pauvre n'est jamais délaissé, l'infirme abandonné, que l'enfant lui-même, pour le bien de sa famille, peut utiliser ses faibles moyens.

Voilà le mode qui lui permit de rayonner au loin. Uza, Fargues, Sauternes, vous le savez : redites-le longtemps ; gardez-en toujours la mémoire.

II. — J'ai dit le Père admirable.

Viendrais-je ici, par hasard, vous parler de cette affection naturelle, simple et commune que vous rencontrez partout ? Loin de là ma pensée. Je viens vous montrer un dévouement qui bien vite atteignit le sublime, pour ne plus déchoir..... Un père, bien souvent, croit avoir tout fait quand il a donné à ses enfants des maîtres dévoués et instruits. Dès lors, s'en reposant sur eux, on le voit revenir tranquille à ses affaires, ou bien à ses habitudes d'autrefois.

Tel ne sera pas M. de Saluces. Il sait qu'il est un droit qu'un père ne doit jamais abdiquer. Il ne l'abdiquera pas. Il sait que, malgré le dévouement des maîtres, malgré leur science, l'éducation laisse toujours à désirer quand le père n'apporte pas son dévouement, son concours. Son dévouement, son concours sont acquis à l'éducation de ses enfants.

Pour eux, déjà il a dit adieu à la ville ; une consigne volontaire l'entraîne à la campagne. Pour eux, il a dit adieu aux fêtes bruyantes ; ses fêtes seront les fêtes en famille. Il sera de leurs récréations ; il sera de leurs jeux. Les enfants seront sa joie, son bonheur, sa couronne. Et, disons-le, Dieu la lui donnera aussi belle que possible.

Admirons donc ce père se rapetissant à la taille de ses enfants ; c'est pour en faire des hommes. Pour atteindre le but, à ce premier moyen, M. de Saluces en joindra un second. Homme qu'une surabondance de vie appelle à l'activité du dehors, il ne craindra pas de consacrer de longues heures au travail de cabinet, et de les employer sérieusement à l'ombre d'une bibliothèque, où désormais se passera la moitié de sa vie, où bientôt, hélas ! elle viendra s'éteindre !

A cinquante ans, martyr du devoir paternel, il reviendra aux livres classiques, aux études d'autrefois. Il se fera auditeur assidu de savantes leçons, puis répétiteur infatigable; puis laborieux écolier la veille, se montrera bon maître le lendemain, sans laisser croire à ce travail, à ce dévouement. Vous, Messieurs, qui le vîtes souvent arriver frais et dispos à ces plaisirs qu'il aimait, qu'il partageait avec vous, que réclamait sa robuste santé, vous ne soupçonniez pas le père qui, prenant sur son sommeil, avait déjà travaillé pour ses enfants.

Déjà, cependant, le devoir était accompli.

Aussi, qui ne comprendrait un de ses rêves ? « Un jour, me disait-il avec transport, ils seront là tous les quatre. L'un me dira : Père, voici ce que je vous dois, ma position, mon bonheur. Un autre : Père, à vous revient toute gloire ; mes succès, mon triomphe sont votre ouvrage. Un autre me dira ses campagnes, ses combats, ses victoires. Pas un en arrière. Et moi, devenu vieux, quel plaisir je prendrai à les voir, à les entendre ! » Dieu n'a pas permis qu'il vécût jusqu'à la réalisation de ce rêve si digne de son noble cœur.

Dieu lui demanda même un sacrifice plus grand : il lui demanda le sacrifice de son dévouement.

Un jour il dut cesser tout travail : une terrible et cruelle maladie le visitait. Mais chose admirable, le dernier livre qui tombe de sa main, c'est le livre d'étude. Le dernier trait que trace sa plume c'est celui d'un savant travail qu'il destine à ses enfants, aux vacances prochaines !

Pauvre Père !...

III. — J'ai dit le bon chrétien.

La foi, chez M. de Saluces, devait être à la hauteur de ses autres vertus, grande et modeste ; grande par les convictions, les paroles et les actes ; modeste, par le respect et l'obéissance qu'il professa toujours pour l'Eglise.

Il aima la religion jusqu'à faire une étude approfondie de son histoire, jusqu'à pratiquer ses divines ordonnances, jusqu'à devenir le modèle de ses enfants. « Quoi de plus naturel pour un chrétien, disait-il, que de prier, de remplir ses devoirs religieux ? Pour un père, que de donner bon exemple ? » Il le fera... Quand j'entends parler cet homme au sujet de l'Eglise, je crois entendre plutôt un religieux qu'un homme du monde.

Quand je vois cet homme au saint Lieu, je suis ému. Ah ! nous garderons toujours le souvenir de ce jour de Pâques où nous vîmes ce bon père guidant ses jeunes fils à la table sainte ! Comme nous, vous fûtes émus, mes Frères. Et plus d'un, dans le secret de son cœur, se reprocha de n'avoir pas eu la force d'imiter, de donner un tel exemple.

Sa foi ! comme elle se montre dans l'acceptation de modestes dignités dans la maison du Seigneur ! Sa foi ! comme elle se montre à l'heure où les intérêts de Dieu devront être défendus ! Elle se montre ici ; elle se montre à Fargues ; mais de quel éclat ne brille-t-elle pas à Uza ?

Il y a deux jours, lundi dernier, c'était fête à Uza. Un évêque venait bénir la première pierre d'une église. Un bon chrétien, pour civiliser ce pauvre peuple des Landes, avait résolu de bâtir un temple au Seigneur, d'allumer là le phare de la religion, et de l'entretenir à ses frais. Ce bon chrétien, cet homme de foi, que tous bénissaient, cependant n'était pas à la fête. Son absence jetait même comme un voile de tristesse sur la cérémonie, d'autre part si belle. On le savait malade, bien malade. On priait pour le bienfaiteur sans se douter que Dieu allait l'appeler à la récompense.

Ici, surtout, Messieurs, la foi vive de M. le marquis apparaît dans tout son beau.

L'homme du monde qui a oublié combien les jugements de

Dieu sont terribles, s'écrie en apprenant la mort presque soudaine d'un ami ; je le plains, je le regrette ! Mais au moins il a peu souffert, il est bien heureux.

Ecoutez maintenant : Voyez-vous agenouillé quelques instants encore après la sainte Messe qu'il vient d'entendre, celui dont nous faisons l'éloge ? Son cœur et ses lèvres formulent une prière à la Vierge Marie qui prie pour nous toujours, surtout à l'heure de la mort. Que demande-t-il ? « Faites, bonne Mère, qu'une longue maladie me donne le temps de me bien préparer à paraître devant Dieu. »

Sa prière fut exaucée. La maladie fut longue : la douleur bien grande ; mais plus grande la patience, la résignation, la foi qui le fait s'écrier : « *non mea voluntas, sed tua fiat.* » Je sais bien les dons de Dieu. Je sais que Dieu plaça près de lui un ange. Ange de pitié, de douceur, qui devait, aux jours des grandes douleurs, comme l'ange de Gethsemani, être l'ange de l'espérance, de la consolation. Je le sais : mais cela n'ôte rien aux mérites du patient.

Pendant ces longs jours de souffrances, ces longues nuits d'insomnie, il se fera lire quelque méditation pieuse sur la passion du Sauveur, pour s'encourager à la souffrance. Pour ne point défaillir, il demandera à la prière, à la dizaine de chapelet, au *Miserere mei Deus* récités près de lui un adoucissement à la douleur. Il demandera plus : il leur demandera de souffrir sans laisser voir à ceux qui l'approchent et l'entourent qu'il souffre, afin de leur épargner la douleur qu'ils auraient en le voyant souffrir ! Quel courage ! Avec ce courage longtemps il se traîne jusqu'à la chapelle. Il espère arriver ainsi à Pâques. Mais non ; avant de communier, il lui faut faire de tous les sacrifices le plus méritoire. Il avouera qu'il ne peut plus marcher. Il devra recevoir son Dieu dans sa chambre sur son fauteuil.

Enfin la longue maladie, les grandes douleurs patiemment supportées ont purifié le juste. L'heure de la récompense approche. Déjà des symptômes alarmants se font remarquer. Vite on commence une neuvaine, M. le Marquis y prend part et veut avec sa famille la terminer par la sainte communion.

Or, pendant que les jours allaient lentement, le mal marchait avec une effrayante rapidité. Il faut se hâter. Sans attendre la fin, demain il faudra communier. Mais le lendemain ce ne fut pas l'homme qui reçut son Dieu, ce fut Dieu qui reçut au séjour du bonheur l'âme du bon chrétien.

Telle fut, Messieurs, la vie, la mort de M. de Saluces, ce juste dont la mémoire sera éternelle.

La Société de bienfaisance, les écoles qu'il fonda, la religion qu'il aima la garderont. Elle vivra bénie, oui, elle vivra (pardonnez-moi ces dernières paroles) elle vivra, car *noblesse oblige ;* et je vois ici ces nobles fils qui feront revivre, avec le nom, les vertus de leur père. Messieurs, *Encore* dit votre noble devise : Eh bien ! pour le bonheur de tous, il y aura *encore* dans la maison de Saluces les généreux sentiments ; *encore* le dévouement aux grandes et saintes causes ; *encore* fidélité aux devoirs de la famille ; *encore* fidélité, dévouement à la religion, principe et force de toute fidélité, de tout dévouement ; *encore* il y aura des noms bénis. *In memoria æterna erit justus.* C'est l'espérance qu'emporta votre père. Suivez le chemin qu'il vous traça, vous le rejoindrez au Ciel.

Amen.

Extrait du journal le *Courrier de Dax*.

Les lignes qui précèdent n'ont pas besoin de commentaire. Elles disent assez quels regrets accompagnent la mort de M. de Saluces, et le vide qu'il laisse auprès des siens.

M. le Marquis de Saluces nous appartenait à plus d'un titre. Ses possessions d'Uza le mettaient au nombre de nos plus grands propriétaires, et les services qu'il n'a cessé de rendre au pays attachent à son nom une large et glorieuse popularité.

Tout le monde connaît Uza, magnifique domaine dont l'exploitation doit à M. Demoulin son haut degré de splendeur. M. de Saluces y séjournait rarement ; mais il y faisait sentir chaque jour les effets de sa libéralité. L'œuvre dont nous allons parler et qui est le couronnement de sa vie, montre quels sentiments prenaient place dans ce cœur noble et chrétien.

Le service divin ne pouvait se faire avec l'éclat voulu dans la petite chapelle d'Uza. La population elle-même, formée en partie d'ouvriers habitués aux grandes villes, appelait un enseignement spécial, plus en rapport avec les discussions de nos jours. M. de Saluces le comprit. Il s'engagea donc à bâtir une église à ses frais avec un presbytère, pourvu que l'on érigeât Uza en succursale. Les négociations réussirent, et Monseigneur l'Evêque d'Aire voulut poser lui-même la première pierre du nouveau monument.

La cérémonie a eu lieu le 6 Mai. Chacun sentait qu'il manquait un homme au rendez-vous, celui à qui en revenait l'honneur, et qu'un mal incurable enchaînait loin de là. M. Demoulin le dit au nom de tous, dans une allocution rapide et qui émut vivement l'assistance. Mgr l'Evêque, prenant la parole à son tour, paya un juste tribut d'éloges à M. de Saluces, et le montra prêt à recevoir la récompense d'une vie toute pleine de vertus et de généreuses actions.

Maintenant que cette âme d'élite est dans un monde meilleur, gardons le souvenir de ses exemples et de son inépuisable charité. L'œuvre commencée à Uza se continue ; elle s'achèvera bientôt sous les auspices de Mme la Marquise de Saluces, digne par sa piété et sa munificence de succéder à une telle entreprise. Quand la flèche gothique se dressera parmi les pins, le voyageur saluera avec respect l'édifice bâti par la foi d'un homme illustre, et il bénira la mémoire de cet homme, le bienfaiteur de nos contrées.

J. C.

Extrait du journal la Guienne.

Jeudi dernier, un nombreux cortége de parents et d'amis, et toute une population en deuil, accompagnaient, au Cimetière de Sauternes, la dépouille mortelle de M. le Marquis Bertrand de Lur-Saluces, décédé le 7 Mai, dans son domaine de Filhot.

L'attitude de l'assistance, la douleur empreinte sur tous les visages, les larmes qui coulaient de tous les yeux, témoignaient de la perte immense éprouvée par tous en la personne d'un homme qui passait avec raison pour le modèle du père de famille, pour le plus sûr des amis, et le bienfaiteur, pendant trente années, de tous ceux qui, dans la gêne ou le besoin, s'étaient adressés à sa générosité.

Telles étaient, en effet, les qualités qui rehaussaient en M. le Marquis Bertrand de Lur-Saluces l'éclat de la fortune et celui d'un nom justement vénéré. Il ne les déploya pas sur un vaste théâtre. Il était l'ennemi du bruit et des vaines renommées. Aussi, inaccessible aux suggestions de l'orgueil et de cette ambition, trop commune aujourd'hui, qui, pour arriver à ses fins, conduit les caractères trop faibles à la dégradation même de la dignité humaine, il ne voulut avoir que celle de mériter, par ses bienfaits, l'estime et l'affection de ceux qui l'entouraient. L'homme politique s'effaça toujours pour faire resplendir les éminentes vertus de l'homme privé, du bon citoyen.

Mais s'il aima la retraite jusqu'à rester obstinément à l'écart du monde, de ses fêtes et de ses plaisirs, gentilhomme avant tout et gentilhomme accompli, il sut aussi concilier ses goûts avec les exigences sociales auxquelles il était assujetti par sa naissance et par son rang. Le seul reproche que lui aient quelquefois adressé ses amis, c'était celui de trop restreindre ses relations et de ne pas figurer plus souvent dans les réunions où il avait tant de fois brillé par les grâces de son esprit et la distinction de ses manières. A ceux-là, il répondait, avec un égoïsme tout paternel, en leur montrant la jeune et belle famille qui formait autour de lui comme une couronne : « Voyez, ne me dois-je pas d'abord à mes enfants ? Ils seraient jaloux de ce que je leur enlèverais pour vous l'accorder. »

M. le Marquis Bertrand de Lur-Saluces concentra donc sa vie dans son foyer domestique, son influence dans le cercle étroit d'une petite commune. Là, libre de toute autre préoccupation, il se consacra avec un soin scrupuleux, exclusif à l'éducation de ses enfants, que la Providence lui avait donné nombreux, et auxquels il communiqua, comme le plus précieux des héritages, les nobles traditions de la loyauté et de l'honneur.

Là aussi, possesseur d'une immense fortune, dont il se considérait simplement comme le dépositaire, il en disposa comme les riches devraient en disposer à son exemple : équitable envers tous, libéral toujours, distribuant d'une main généreuse le travail, l'aisance, le bien-être. Heureuse commune de Sauternes ! C'est à peine si l'on y rencontre un pauvre. M. le Marquis, le bon marquis, — ainsi était-il appelé, — n'en pouvait souffrir à ses côtés. Du château sur les humbles chaumières des environs, il faisait descendre, avec une largesse dont il était béni, l'abondance et la joie. « Dieu, disait-il, ne m'a donné la richesse que pour en faire profiter les malheureux. » Il avait compris que, suivant une admirable expression, les grands doivent ressembler à ces fontaines publiques qu'on n'élève que pour les répandre.

Voilà l'homme.

Il est mort de la mort du juste, en chrétien résigné. Il laisse ici-bas d'universels regrets. Là haut, il est sans doute en possession de la récompense promise à ceux qui, comme lui, ont passé sur la terre en faisant le bien.

Emile MAURY.

NOTICE

SUR

M. le Marquis Bertrand de LUR-SALUCES

PAR M. B. DABADIE

Président de la Société de secours mutuels de Saint-Paulin.

M. le Marquis Bertrand de Lur-Saluces venait de terminer ses études en 1830, et, à l'exemple de ses ancêtres, il se disposait à mettre son épée au service de la France et de son roi, lorsqu'une tempête de trois jours brisa le trône neuf fois séculaire et dispersa sur la terre d'exil les derniers descendants de soixante rois !...

Avec cette simplicité des vieux Romains, qui passaient successivement de la charrue à la dictature, de la dictature à la charrue, sans trahir la moindre émotion, il alla suspendre silencieusement son épée, vierge de toute lutte, à côté des vieilles panoplies ; il se replia sur lui-même et, tout ce que sa vaillante nature avait d'ardeur et d'énergie, il jura de le consacrer au culte de la famille, à la vie du foyer domestique, au travail, à la bienfaisance.

Jamais homme ne fut plus fidèle à son serment. Il avait été jusqu'alors fils soumis, respectueux et dévoué, il devint bientôt le modèle des époux et le plus tendre des pères. Bien différent de ces égoïstes qui ont la prétention d'être plus sages que la Providence dans leurs calculs de lèse-société, il se montrait heureux du rapide accroissement de sa famille, et l'on voyait sa figure rayonner d'une douce joie, chaque fois qu'un nouveau fleuron venait s'ajouter aux fleurons déjà nombreux de sa couronne de père.

Les joies de la famille ne l'absorbèrent pas tout entier. Esprit droit, juste, éminemment pratique, ami du progrès, il se livra avec ardeur à des exploitations agricoles, à des entreprises industrielles qui réussirent merveilleusement et semblèrent multiplier ses richesses. Mais son cœur généreux n'eût pas été satisfait, s'il n'y eût fait participer son entourage. Sa grande ambition était de bannir la misère et la gêne de ses vastes domaines et de la commune qu'il habitait, et son ambition fut satisfaite ; car on aurait cherché en vain un seul pauvre dans Sauternes. Aussi, était-il considéré comme une seconde Providence dans les environs, et les habitants, en parlant de lui, ne l'appelaient que le *bon Marquis*.

Ce n'était que justice ; il était toujours heureux de s'associer aux bonnes œuvres qu'on lui signalait. Mais il avait des sympathies toutes particulières pour les Sociétés de secours mutuels, parce qu'il y voyait un principe de régénération sociale et la garantie de meilleures destinées pour notre France si éprouvée par les révolutions. C'est vous dire, Messieurs, qu'il fut un des premiers à accepter le titre de Membre honoraire de la Société de Saint-Paulin. Il s'intéressa vivement aux progrès de notre œuvre et, chaque année, en versant le prix de sa cotisation, il y ajoutait une bonne parole, un encouragement, une espérance.

Nous devions naturellement compter sur un long concours de sa part, car il était dans toute la force de l'âge. Mais, hélas ! la mort dont les secrets sont impénétrables, le jugea sans doute mûr pour la récompense, et l'enleva le 7 Mai, aux tendres affections de sa famille désolée, aux vives sympathies de ses amis, à l'estime de tous, et surtout à la reconnaissance respectueuse de ceux auxquels il avait si libéralement distribué ses bienfaits et son patronage.

PAROLES ADRESSÉES

A

Mgr ESPIVENT, évêque d'Aire et de Dax,

Par M. DEMOULIN,

Directeur des Forges et du domaine d'Uza,

A l'occasion de la pose de la première pierre de l'église d'Uza,
le 6 Mai 1867.

MONSEIGNEUR,

Cette journée laissera des traces profondes de satisfaction
et de bonheur dans le cœur de tous les habitants d'Uza, car
elle inaugure pour eux une ère nouvelle.

La population d'Uza s'est accrue d'une façon notable depuis quelques années et le service religieux que votre
Grandeur avait bien voulu lui faire continuer dans la petite
chapelle devenue insuffisante, ne répondait plus à ses besoins.

M. le Marquis de Saluces, cet homme de bien par excel-
lence qui a toujours su faire un noble et admirable emploi
de sa fortune, comprenant cette situation et voyant tout le
bien moral qui devait résulter pour cette population ouvrière
de la présence d'un prêtre au milieu d'elle, a consenti à faire
construire une église et un presbytère, si Uza était érigé en
succursale.

Pour arriver à ce résultat, il fallait d'abord le concours des
personnes éclairées qui dirigent les communes voisines et
intéressées dans cette question, et il n'a point fait défaut à
M. le Marquis de Saluces ; aussi, suis-je heureux d'exprimer
ici hautement ma gratitude à MM. les Curés, MM. les
Maires, MM. les Membres des conseils municipaux et de
fabrique qui, rejetant toute idée de rivalité ou d'intérêt

mesquin, ont bien voulu ne voir que le côté moral du projet.

Cette journée, Monseigneur, devrait être toute à la joie et cependant une impression de profonde tristesse pèse sur tous les esprits !... C'est que, Monsieur le Marquis de Saluces qui, dans sa munificence, dote Uza de l'édifice religieux qui va s'élever, est retenu loin de nous par une affection grave qui met ses jours en danger, et mon émotion est grande à cette pensée, car il a été pour moi, je me permets de le dire, un ami, un père, et pour le pays une véritable Providence.

Il ne nous appartient pas de sonder les décrets de Dieu, mais je veux encore espérer que cet homme d'élite sera conservé à l'affection vive de sa famille désolée, de ses nombreux amis et à la vénération de tous ceux qui le connaissent.

Monseigneur, dans votre haute sollicitude pour tout ce qui a trait au bien spirituel des populations qui vous sont confiées, vous avez bien voulu prêter votre puissant appui à M. de Saluces, pour faire aboutir promptement ses démarches, et aujourd'hui vous mettez le comble à vos bontés... Malgré les rudes fatigues de votre longue tournée épiscopale, vous nous avez accordé la faveur de poser la première pierre de notre église, je viens donc, au nom de M. le Marquis de Saluces, en mon nom, au nom de mes braves ouvriers courbés sous les plus pénibles travaux et de leurs familles, au nom enfin de toute la population de la nouvelle circonscription religieuse, vous présenter les plus chaleureux remerciements, et vous assurer de la vive reconnaissance de tous nos cœurs qui sont à vous.

H. Demoulin.

Uza, le 6 Mai 1867.

ᴇxᴛʀᴀɪᴛ ᴅ'ᴜɴᴇ ʟᴇᴛᴛʀᴇ ᴘᴀsᴛᴏʀᴀʟᴇ

de

Mgr. ESPIVENT, Evêque d'Aire et de Dax

1869

C'est N. T. C. F. pour goûter cette joie qui nous vient des nouveaux sanctuaires, que nous nous écarterons de notre route, d'ordinaire si invariable, pour aller bénir une gloire que deux printemps ont fait germer, comme une fleur au désert. Il y aura en effet deux ans que nous en bénissions la première pierre, et cette fête célébrée entre nos dunes et nos forêts de pins, aurait eu le charme d'une fête du ciel, si un triste pressentiment ne nous eût pas fait mêler des larmes à nos chants et à nos prières..... Quand, il y sept ans, nous visitâmes pour la première fois le foyer d'Uza, d'innombrables ouvriers vinrent au devant de nos bénédictions. Oh ! que le *fils de l'artisan* (1) aurait besoin de descendre ici, disions-nous tout haut, à l'aspect d'une humble chapelle, insuffisante pour le peuple de l'usine et des alentours. Un prêtre venait le Dimanche y célébrer la messe en toute hâte, et puis il s'en allait, laissant les familles d'ouvriers, sans Jésus-Christ dans son tabernacle, sans prêtre au milieu d'elles. Depuis longtemps cette même pensée germait au fond d'une noble âme et un coup d'œil nous fit connaître qu'elle ne tarderait pas à éclore. Maintenant qu'elle est en pleine floraison, nous avons hâte de contempler la gracieuse église, de bénir l'exécution d'une sainte volonté dernière et de prier pour le fondateur ou plutôt de le montrer, aux yeux qui le pleurent, dans la gloire dont la bonne œuvre l'a couronné dans le ciel.....

(1) Marc VI, 3

Extrait du procès-verbal de la séance du 24 Avril 1870.

HOMMAGE DE RECONNAISSANCE

1° L'an 1870 et le 24 du même mois d'avril, le conseil de Fabrique de la paroisse d'Uza, réuni au presbytère dudit lieu en séance ordinaire, sous la présidence de M. Demoulin, fonde un obit annuel à perpétuité pour le repos de l'âme de M. Louis-Bertrand, marquis DE LUR-SALUCES.

2° Cet obit sera célébré par M. le Curé titulaire, ou tout autre prêtre par lui délégué.

3° Une messe chantée, aussi solennelle que possible, sera célébrée à cet effet aux frais de la Fabrique, qui vote pour cela et votera annuellement la somme de *soixante francs*.

4° Le conseil est heureux de saisir cette circonstance pour témoigner à la famille du noble et regretté bienfaiteur d'Uza, ses sentiments de profonde vénération et ses remerciements pour les bienfaits par lesquels elle continue la religieuse tradition de son auguste chef.

Ont signé les membres du conseil de Fabrique :

H. DEMOULIN ; El° LARTIGUE, *curé ;*

B. CALIOT ; G. SOURGEN ; DULAURENS ;

Vu et approuvé :

† LOUIS-MARIE, *évêque d'Aire.*

M. le Comte Eugène de LUR-SALUCES

Décédé à Bordeaux, le 30 Mai 1867.

LETTRE adressée par Mgr le Comte de Chambord,
à M. le Comte de La Myre-Mory.

Pesth, le 7 Juin 1867.

Je reçois, mon cher Comte, la lettre par laquelle vous m'annoncez la perte cruelle que nous venons de faire dans la personne de votre vénérable beau-père, le comte Eugène de Lur-Saluces, et je ne veux pas différer un instant à vous dire la part bien vive que je prends à votre profonde affliction et à vos justes regrets. Modèle accompli d'honneur et de fidélité antique, l'ami que nous pleurons n'a cessé, durant tout le cours de sa longue et noble carrière, de donner à ma famille et à moi des preuves du plus admirable et du plus courageux dévouement. Je n'oublierai jamais, croyez-le bien, ses nombreux et loyaux services, son esprit si aimable, ses éminentes qualités, la fermeté de ses principes, sa belle conduite dans les circonstances les plus difficiles. Aussi son souvenir me sera-t-il toujours précieux et cher. Notre seule consolation est de penser qu'il reçoit maintenant au ciel la récompense de sa vertueuse vie et de sa fin si chrétienne. Adoré de nos amis, révéré des pauvres dont il était le bienfaiteur et le père, respecté de tous, sa mort est pour Bordeaux un deuil public, et le tribut d'unanimes hommages payé à sa mémoire n'honore pas moins ceux qui les lui rendent, que celui qui en est l'objet. Soyez auprès de toute votre famille l'interprête de ma douloureuse sympathie. Je vous renouvelle, avec l'expression de ma gratitude pour vos sentiments éprouvés, l'assurance de ma bien sincère affection.

HENRI.

A M. le Comte de la Myre-Mory.

Extrait du journal LA GUIENNE.

Notre pays de Guienne vient de perdre un de ses plus nobles enfants, la grande cause à laquelle nous appartenons, un de ses plus dévoués serviteurs. M. le comte Eugène de Lur-Saluces est mort mercredi soir à Bordeaux, après une courte maladie, à l'âge de 87 ans.

A qui n'a point connu ce vieillard aimable au port majestueux, au franc et paternel regard, à l'urbanité exquise, aux sentiments héroïques, il est difficile de donner une idée de ce que fut ce type accompli de la chevalerie française.

M. de Lur-Saluces était né sous le règne de Louis XVI. Quoique encore bien jeune, il avait vu se dérouler avec assez de précision pour en garder le souvenir, les derniers actes du drame qui se termina le 21 janvier 1793 sur la place de la Révolution. Moins d'un an après, l'enfant était orphelin. Le 14 décembre 1793, son père, le marquis Claude-Henri-Hercule-Joseph de Lur-Saluces, maréchal de camp, fut arrêté, condamné à mort par la commission militaire de Bordeaux et exécuté le même jour.

Les orages de la Convention, les crimes de la Terreur, les folies du Directoire, les guerres écrasantes du Consultat et de l'Empire passèrent ainsi sous les yeux du comte Eugène. Il vit la France, violemment sortie de ses voies, chercher en vain, à travers des alternatives d'anarchie et de dictature, son assiette perdue. Il vit la nation française passer de la République au despotisme, sans jamais trouver la liberté. A ce grand enseignement s'étaient fortifiés les principes qu'il tenait de ses pères et qui ont été ceux de toute sa vie.

M. de Lur-Saluces qui avait vu ce que perdent les peuples

aux révolutions, n'aimait point la Révolution (1). Il y voyait avec raison la source de ces malentendus, de ces haines, de ces convoitises, de ces malheurs qui ont fait de la nation française la nation la plus divisée, la plus changeante et la moins libre de l'Europe occidentale.

La Restauration essaya de faire cesser ces malentendus et de rendre à la France, par l'inauguration du système parlementaire, cette sage liberté qu'elle aurait eue dès 89, si la pensée de Louis XVI avait été servie ou comprise.

M. de Lur-Saluces ne pouvait que s'attacher fortement à ce pouvoir qui, pendant quinze ans, réalisa le difficile problème d'un gouvernement constitutionnel à bon marché, libéral au dedans, respecté au dehors et basé sur la double assise de la légitimité monarchique et de la représentation nationale.

Le pouvoir issu de l'insurrection de 1830 fut une perversion de cet ordre de choses qui reçut son châtiment 18 ans plus tard, mais que les hommes monarchiques, et M. de Lur-Saluces à leur tête, condamnèrent hautement dès le premier jour, comme immoral, comme vicié dans son origine, et par cela même destiné à périr.

M. le Comte de Lur-Saluces avait embrassé la carrière des armes. Chef d'escadron jusqu'en 1820, il entra à cette époque dans les gardes du corps, où son nom et son mérite lui assignaient une place ; peu de temps après, il fut choisi par les électeurs du département de la Gironde pour les repré-

---

(1) Dès sa première jeunesse, et à une époque où on ne pouvait le faire sans danger, M. Eugène de Lur-Saluces fit éclater ses sentiments. En 1799, dans un mouvement royaliste qui eut lieu à Bordeaux, M. Eugène de Lur-Saluces fut grièvement blessé à la tête. Arrêté avec une quarantaine de jeunes gens, il resta deux mois en prison. H. R.

senter à la Chambre des députés. En 1828 il fut élu secrétaire de la Chambre; et, en 1829, il obtint soixante-quinze voix pour la présidence.

Lorsqu'éclata la catastrophe de 1830, M. de Lur-Saluces n'hésita point. Le gouvernement qui, dans ses convictions, pouvait seul donner à la France le bonheur, venait de tomber; il voulut tomber avec lui. M. de Lur-Saluces refusa le serment, protesta par une lettre énergique contre la Chambre qui « sortait violemmeut de toute règle en intervertissant l'ordre de successibilité au trône, » et rentra dans la vie privée.

C'est là que nous l'avons connu, admiré et aimé.

Pendant ces vingt-cinq ou trente années, quoique retiré de la vie active, M. de Lur-Saluces n'a cessé de combattre pour la cause qui avait fait le culte de sa jeunesse et de son âge mûr.

Dans les plus mauvais jours, cette cause, d'autant plus chère qu'elle paraissait plus abandonnée, l'a trouvé sur sa route pour la saluer au passage. La terre de l'exil l'a eu souvent pour pèlerin.

La vie entière du comte Eugène a été une vie de luttc et de sacrifice, et en 1848, il fut un des premiers à courir aux armes pour défendre la société menacée.

Il est inutile d'ajouter que la religion a occupé une grande place dans cette digne et noble existence.

Ce que M. de Lur-Saluces a semé autour de lui d'aumônes et de bonnes œuvres, ce qu'il a secouru de misères cachées, Dieu seul le sait.

Ce que nous dirons seulement — c'est qu'il est peu d'institutions charitables, peu de fondations pieuses qui ne l'aient compté dans leur sein. Une des plus récentes, et non des moins fécondes — l'œuvre de Saint-Michel établie par le Père Félix pour favoriser la propagation des bons livres, et organisée il y a quinze ou dix-huit mois à Bordeaux, — l'avait pour président.

La mort de M. le comte de Lur-Saluces a vivement émotionné notre ville de Bordeaux. On avait espéré que sa belle constitution et sa verte vieillesse lui permettraient de conserver de longues années encore sa place dans ce monde où son autorité était si utile, je dirai presque si nécessaire. Pour se consoler, les amis de ce grand homme de bien, de ce serviteur fidèle et dévoué, ont besoin de songer que Dieu avait jugé cette âme mûre pour le Ciel, et qu'elle possède déjà sa récompense.

HENRY RIBADIEU.

DISCOURS

Prononcé par M. CHABANNES, Archiprêtre de la Primatiale,

dans la Cathédrale de St-André,

Le jour des funérailles de M. le Comte Eugène de Lur-Saluces.

———

C'est la première fois, M. T. C. F., que je prends la parole dans une pareille circonstance. Je me suis toujours fait une loi, dans ces cérémonies funèbres, de ne rien ajouter aux saintes supplications de l'Eglise, de refouler dans mon cœur les gémissements qui souvent étaient près d'en sortir et de me contenter de prier de toute mon âme pour le repos éternel de nos chers défunts et la consolation de leur famille.

Mais tous, ici, comprendront pourquoi aujourd'hui je déroge à cet usage. C'est qu'il ne s'agit plus seulement de faire l'éloge d'un homme, mais de recueillir les exemples d'un grand chrétien ; de donner une preuve de respectueuse sympathie à une famille dont on partage cordialement l'affliction, et de rendre hommage à une vie que la religion a sanctifiée, à des vertus dont la récompense a commencé sur terre et se perpétue dans l'éternité.

Que vous dirai-je donc, M. T. C. F., en présence de ce cercueil qui renferme les restes inanimés du comte Eugène de Lur-Saluces, et de cet autel où réside le Dieu de toute vérité et de toute justice ? Ah ! j'ai besoin d'une parole qui adoucisse la tristesse de ces funérailles, et qui soit digne de la sainteté de nos tabernacles ; une parole qui soit un éloge pour celui que nous pleurons, mais un éloge qu'on puisse hardiment proclamer en face de la tombe et de l'autel, et cette parole, ce sont nos Livres saints qui nous la fournissent : *dilectus Deo et hominibus, cujus memoria in benedictione est ;* il fut aimé de Dieu et des hommes, et sa mémoire est en bénédiction.

Oui, le comte Eugène de Lur-Saluces a été aimé de Dieu. *Dilectus Deo.* Sans doute, M. T. C. F., que Dieu nous aime tous ; car il est notre Père, et nous sommes tous ses enfants. Mais, hélas ! nous ne correspondons pas à son amour et un trop grand nombre de ses enfants n'ont pour lui que de l'indifférence et de l'oubli. Notre cher défunt n'a jamais été de ceux-là, il n'a jamais oublié Dieu et ce qu'il lui devait. Les devoirs de la religion l'ont toujours trouvé fidèle ; il a servi Dieu dans la simplicité de son cœur, sans ostentation et sans faiblesse, et Dieu a béni sa fidélité dans la foi ; il a voulu qu'il y trouvât une source abondante de consolations et de joies ; et pour lui il a aplani les aspérités de ce chemin qui quelquefois nous semble si difficile.

De là cette facilité merveilleuse avec laquelle il se pliait aux exigences d'une vie exactement chrétienne ; de là cet empressement à la dépenser lui-même dans toute ses œuvres catholiques ; de là cette sérénité, cette grâce incomparables, qui l'accompagnaient dans chacune des pratiques de la religion. Combien de fois ne l'avons-nous pas remarqué aux pieds de la table sainte ! Lorsque nous avions le bonheur de lui donner la communion, il nous semblait voir sur sa face vénérable comme un reflet du calme de sa conscience, de la douce paix que possédait son âme. Il a été aimé de Dieu : *Dilectus Deo.*

Mais parce que Dieu l'aimait, il a voulu qu'il fût aimé des hommes : *Dilectus hominibus.* N. T. C. F., je suis bien sûr

que nul ne me démentira si j'affirme que personne ne se con-
cilia jamaisi ni plus d'attention, ni plus de respect que le
comte Eugène de Lur-Saluces. Il suffisait de le voir pour
l'aimer. On pouvait penser autrement que lui, mais il était
impossible que l'estime qu'on éprouvait pour sa personne ne
s'étendit point jusqu'à ses opinions.

Et pourquoi cela, M. T. C. F. ? Ah ! c'est précisément
parce qu'il était foncièrement chrétien. Les clartés de la foi
ont éclairé toute sa vie, et il a trouvé, dans la solidité de ses
convictions religieuses, les deux inestimables dons qu'on
trouve, hélas ! si rarement réunis dans un même cœur ; une
inébranlable fermeté dans ses principes et une bienveillance
inaltérable pour les personnes. Voilà en deux mots le secret
de sa belle vie, voilà ce qui nous explique la salutaire
influence qu'il a exercée sur nous tous : voilà pourquoi,
tandis que ces hommes au noble cœur qui partagent tous
ses principes, se plaisaient à le reconnaître pour leur guide et
leur chef, tous les autres auraient voulu l'avoir pour ami.
Dilectus hominibus : il a été aimé des hommes.

S'il en a été ainsi pour tous ceux qui ont eu le bonheur de
le connaître, que ne dirions-nous pas, s'il nous était permis
de pénétrer dans le sanctuaire de la famille ? Ah ! la famille,
je la vois éplorée autour de ce cercueil, et pourtant, mon
Dieu, je me sens autant porté à la féliciter qu'à la plaindre.
Je n'oublie pas cependant les terribles épreuves par lesquelles
elle vient de passer, et que, dans l'espace de trois semaines,
c'est pour la seconde fois qu'elle pleure sur un tombeau ;
mais je sais aussi que Dieu, dans sa miséricorde, a voulu que
la mort de ses serviteurs fidèles apportât autant de consolation que de douleur.

Malgré les déchirements du sacrifice, il y a dans le souvenir des justes une douceur ineffable a laquelle le cœur se prend et leur mémoire est toujours une bénédiction. *Cujus memoria in benedictione est.* Oui, je veux pleurer avec vous, je veux partager votre douleur ; mais je veux aussi que vous partagiez ma consolation. Ma consolation est dans le ciel, c'est là que désormais nous devons chercher ces deux chères âmes.

Elles nous y attendent, Dieu les y a conduites par deux chemins différents ; mais elles y sont arrivées. J'en ai pour garant l'inaltérable patience, l'héroïque résignation qui, pendant de longs mois d'une cruelle maladie, ont purifié celui que nous pleurâmes, il y a trois semaines, et la longue vie, si chrétienne, si pure, si sainte de celui que nous pleurons aujourd'hui. Oui, M. T. C. F., ils vont au ciel, ils nous y attendent. Je ne vous donnerai pas d'autre consolation, nous sommes tous chrétiens, celle-là nous suffit.

EXTRAT DU JOURNAL *l'Union*

La mort du comte de Lur-Saluces est, nous l'avons dit, un véritable deuil public. Il est difficile de se représenter la vénération profonde et universelle qui entourait ce noble vétéran de toutes les saintes causes. Jusqu'en sa quatre-vingt-septième année, le loyal serviteur de Dieu et de la monarchie avait gardé la fermeté de son esprit, la grâce de sa conversation, l'aménité de ses manières, et il recueillait, — comme la couronne de sa verte vieillesse, — l'hommage d'une estime et d'un attachement que lui rendaient à l'envi ses amis et ses adversaires. C'était un des héros de la fidélité et du patriotisme ; c'était le type du gentilhomme et du chrétien.

La haute confiance qui lui était témoignée de l'exil consacrait une vie entière de vertu et d'honneur.

En nous associant profondément à la douleur de cette perte, nous ne saurions rendre à la mémoire du comte de Saluces un tribut plus digne que de reproduire l'excellente notice que publie *La Guienne* et les simples et touchantes paroles prononcées par l'archiprêtre de la primatiale de Bordeaux.

HENRY DE RIANCEY.

NOTICE

SUR

M. le Comte Eugène de LUR-SALUCES

Par M. DABADIE,

Président de la Société de secours mutuels de Saint-Paulin.

Deux mois s'étaient à peine écoulés depuis la mort de M. le Marquis Bertrand de Lur-Saluces, que nous faisions une perte non moins douloureuse dans la personne de son oncle, M. le Comte Eugène de Lur-Saluces. J'ai eu avec cet honorable protecteur de notre jeune Société de nombreuses relations qui m'ont permis d'apprécier les riches qualités de cette nature d'élite. Pour retracer ses nobles vertus, je n'aurais qu'à laisser courir ma plume, et les pages se multiplieraient sous l'inspiration du souvenir et de la reconnaissance. Mais des limites sont tracées à mon compte-rendu, et je dois les respecter à mon grand regret.

S'il m'était permis de faire une excursion dans le domaine de la politique, je vous montrerais, dans ce vaillant champion de toutes les bonnes causes, l'intrépide adversaire de la Révolution, le noble courtisan de l'exil, l'inébranlable défenseur de principes d'autant plus respectables, qu'ils reposent sur la base éternelle du droit, de la justice, de la vérité.

La Société française, découpée en partis et en coteries, accueille mal habituellement l'homme qui marche dans l'indépendance de ses sentiments et de ses pensées. Dès lors, il devient difficile pour lui de ne pas laisser quelques lambeaux de sa dignité et de son amour pour le vrai aux ronces qui hérissent les sentiers de la vie.

Le comte E. de Lur-Saluces fut une heureuse exception au milieu du morcellement des opinions contemporaines. Il endossa bravement l'uniforme de l'indépendance. Mais toujours calme, digne, il marcha au milieu des luttes civiles, comme on marche dans la vie privée, sans emportement, sans passion, sans rancunes personnelles. Aussi la considération, l'estime, les sympathies se groupèrent autour de lui, même dans les camps ennemis. Pourquoi ? Parce qu'il portait partout et toujours avec lui le culte du respect : respect des personnes, respect des choses ; respect des principes, respect des croyances, respect même des erreurs lorsqu'elles étaient involontaires. Je dis *involontaires,* Messieurs, parce que, s'il les eût soupçonnées entachées d'un ignoble calcul, il les aurait écrasées d'un impitoyable mépris. Toujours sincère, toujours vrai dans ses actions comme dans ses paroles, il se montrait l'inflexible ennemi des hypocrites et de leurs allures tortueuses. En un mot, tolérant sans faiblesse, libéral sans réticence, il pratiqua largement ce précepte éminemment conservateur, le seul, comme je crois vous l'avoir dit dans une autre circonstance, qui eût échappé au naufrage moral de l'antique société : *Ne faites pas aux autres ce que vous ne voudriez pas que les autres vous fissent.*

Vous êtes vous demandé, Messieurs, à quel sentiment cette âme si fortement trempée empruntait ses généreuses inspirations ?... Ce ne peut être qu'au sentiment religieux, car c'est à lui qu'il faut toujours remonter, c'est à ses sources pures et limpides qu'il faut puiser, lorsque, comme le Comte E. de

Lur-Saluces, on veut marcher dans la voie de la justice, de la vérité, de l'honneur et du dévouement à ses semblables. C'est là qu'on trouve assez de force et d'abnégation pour accomplir des devoirs et des sacrifices qui seraient autrement inexplicables.

Depuis seize ans que je voyais à l'œuvre ce noble vieillard toujours debout, quand il s'agissait de faire le bien, je me suis demandé bien des fois, s'il s'était fondé une seule institution charitable, s'il s'était accompli une seule bonne œuvre, à Bordeaux, à Preignac et dans plusieurs autres communes, sans qu'il y eût apporté son offrande, son concours et ses plus vives sympathies.

Aussi, je ne vous étonnerai pas, Messieurs, en vous disant qu'il s'inscrivit le premier sur la liste des membres honoraires de notre Société naissante, que son adhésion entraîna la plupart des autres, et contribua ainsi puissamment à la rapide prospérité de notre œuvre. Il s'y était naturellement attaché avec l'affection d'un père pour son fils ; il suivait d'un œil attentif notre développement physique et moral, il y applaudissait avec bonheur, parce qu'il voyait dans la mutualité une idée éminemment moralisatrice, et une ressource efficace contre les rudes étreintes de la misère.

Courage, me disait-il, après avoir lu le dernier compte rendu, le grain de sénevé a poussé de profondes racines. Le jour arrivera où, devenu ce grand arbre dont parle l'Evangile, il offrira avec un frais ombrage les fruits qu'une culture intelligente lui aura fait produire de longue main.

Hélas ! c'était la dernière expression de ses précieuses sympathies ! Huit jours après, il rendait le dernier soupir et sa belle âme allait demander au souverain rémunérateur le prix d'une vie de 86 ans, toute constellée des rayonnements de la vertu.

ÉLOGE

de M. le Comte Ferdinand de LUR-SALUCES,

PRONONCÉ

le 3 Octobre 1867, dans l'Eglise de Verdelais,

PAR

le Révérend Père Choizin, supérieur des Pères Maristes.

Mes très chers Frères,

Permettez-moi de suspendre un instant les chants de la prière, d'interrompre la cérémonie funèbre qui nous réunit devant les saints autels, pour rendre les derniers honneurs à la dépouille mortelle de M. le Comte Ferdinand-Louis de Lur-Saluces.

Curé de Verdelais et gardien de ce vénéré sanctuaire, j'ai un devoir à remplir en ces douloureuses circonstances, et ce devoir m'est cher ; j'ai des souvenirs dans mon esprit et dans mon cœur, j'ai besoin de les dire.

Je soulèverai, il est vrai, ce voile de modestie dont aiment tant à se couvrir les familles qui trouvent un égal bonheur à faire le bien et à le taire, à garder leurs glorieuses traditions et à les cacher, mais aussi j'aurai la consolation, et vous la partagerez avec moi, mes très chers Frères, de payer une grande dette de reconnaissance à notre défunt bien-aimé et à sa noble famille.

Non, le chrétien qui vient de rendre son âme à Dieu ne saurait être pour nous un homme ordinaire.

Par ses ancêtres, M. le Comte Ferdinand-Louis de Lur-Saluces se rattache aux plus nobles, aux plus généreux bienfaiteurs de cet antique sanctuaire, par ses actes personnels il s'est montré leur digne descendant, l'héritier de leur foi et de leur générosité pieuse.

Comme toutes les grandes choses de ce monde, Verdelais a eu ses jours de bonheur et de malheur, mais l'histoire nous apprend que c'est à la munificence d'Isabelle de Foix que Verdelais dévasté, ruiné de fond en comble vers 1377, a dû de voir rebâtir ses saintes murailles.

Or, Isabelle de Foix était la grand'mère de Marguerite de Foix qui épousa Louis II, marquis de Saluces, grand'père de Charlotte de Saluces, mariée elle-même à Jean de Lur, Vicomte d'Uza. Les Lur-Saluces comptent donc parmi leurs ancêtres celle que l'histoire a qualifiée de seconde fondatrice de Verdelais.

L'œuvre d'Isabelle ne dura pas deux cents ans. En 1562, les Calvinistes envahirent nos contrées, visitèrent Verdelais et le ruinèrent. Une seconde restauration devint nécessaire et l'honneur de cette œuvre fut réservé cette fois par la Providence à l'illustre cardinal de Sourdis. Un peu plus d'un siècle s'écoule ; la révolution française éclate et de nouveaux malheurs viennent fondre sur notre vénéré Verdelais. Les ruines s'amoncèlent encore tout autour de la sainte chapelle dépouillée de ses richesses et abandonnée pendant plusieurs années à une dégradation toujours croissante.

Quelles sont les mains bénies qui relèveront les ruines nouvelles et donneront au sanctuaire délaissé, appauvri, un éclat qu'il n'eût certainement jamais ? Dieu y a pourvu, mes très chers Frères. Sous le très-haut patronage de l'éminent Cardinal qui gouverne encore à cette heure l'archidiocèse de Bordeaux, il se forme vers 1838 un Comité de pieuses chrétiennes dont la mission sera de procurer les ressources nécessaires à une troisième restauration. Or, parmi ces pieuses chrétiennes, je trouve encore une Lur-Saluces, vice-présidente du Comité ; j'ai nommé Mme la Comtesse de la Myre-Mory, votre cousine, votre belle-mère, cher Comte Ferdinand de Lur-Saluces.

' Toutefois, mes très chers Frères, notre-bien aimé défunt n'appartient encore à l'histoire reconnaissante de Verdelais que par les largesses et le dévouement des siens.

Mais l'heure vint aussi où la voix de la Providence l'appela à donner un concours tout personnel à la prospérité d'une œuvre que je pourrais appeler en un sens l'œuvre de la famille. Depuis longtemps quelques âmes nourrissaient le projet d'une grande création à Verdelais, ou voulait élever non loin du vénéré sanctuaire de Marie un calvaire monumental. Le dessin était beau, et vraiment digne du cœur et de la foi de ceux qui l'avaient conçu, mais l'exécution présentait des difficultés considérables. Il fallait un emplacement vaste et dans une position en rapport avec la création que l'on projetait. Eh bien ! cet emplacement s'est trouvé et l'œuvre de Verdelais l'a reçu le 6 février 1856 des mains généreuses de M. le Comte Ferdinand de Lur-Saluces. Je ne dirai pas cependant que la donation du magnifique emplacement de la partie haute du calvaire ait été son œuvre absolument personnelle ; non, ce serait en amoindrir, il me semble, la valeur morale, et ne pas rendre toujours justice ; j'ai besoin d'ajouter que l'acte de concession a eu l'approbation complète de la famille entière et en particulier de ce vénérable et aimable vieillard, le Comte Eugène de Lur-

Saluces, hélas ! si récemment enlevé au respect et à l'amour de tous ceux qui avaient eu le bonheur de le connaître. C'est donc bien, mes très chers Frères, à un descendant des bienfaiteurs de ce sanctuaire, à un insigne bienfaiteur même que nous rendons les derniers devoirs. C'est aussi à un homme doué des meilleures qualités du cœur. Pour le bien connaître, il fallait l'approcher de très-près, vivre en quelque sorte dans son intimité ; on ne tardait pas alors à l'apprécier, on trouvait dans son âme des trésors de foi, de délicatesse et de bonté.

La veille de sa mort, il veut lire selon son usage de tous les jours quelques versets de l'*Imitation de Jésus-Christ*. Il songe à faire sa prière, et à l'invitation qu'on lui fait de rester assis en accomplissant ce devoir de la vie chrétienne, il répond qu'il faut agir avec Dieu plus respectueusement.

« Je voudrais bien mourir, disait-il ces jours derniers, à sa femme si parfaitement et si constamment dévouée, je voudrais mourir si je ne devais pas vous laisser. » Et pourquoi donc voulait-il mourir ? Ah ! ce désir de la mort qui contrastait si fort avec ses impressions d'autrefois, est encore une révélation de son cœur. Il voulait mourir pour rejoindre son cher frère le Marquis de Lur-Saluces, il n'y a que quelques mois, enlevé à la noble famille dont il était tout à la fois et l'honneur et le bonheur. Le souvenir de ce cher frère ne le quittait pas ; il portait constamment sur lui son portrait ; il en parlait sans cesse. Il voulait aussi retrouver son bien-aimé grand-père. Son cœur l'a fait mourir.

Je ne m'en étonne pas ; il est des familles dont les membres ont le privilège des délicatesses de cœur portées à la plus haute puissance. Et maintenant, mes chers Frères, achevons ces cérémonies augustes par lesquelles la sainte Eglise catholique s'associe si bien à la douleur des familles, et proclame la grandeur de l'homme chrétien ; continuons nos saintes prières pour le repos d'une âme qui doit à tout jamais nous rester chère. Que ces prières auxquelles s'unira bientôt l'aumône en faveur des pauvres fassent trouver grâce devant Dieu, s'il en est besoin, à M. le Comte Ferdinand Louis de Lur-Saluces. Et que notre douce reine de Verdelais lui rende au centuple, dans le séjour de la gloire, ce qui s'est fait par les siens, ce qu'il a fait lui-même pour l'honneur de ce vénéré sanctuaire. Ainsi soit-il.

www.ingramcontent.com/pod-product-compliance
Lightning Source LLC
Chambersburg PA
CBHW061320060726
47596CB00003B/995